Andreas van Appeldorn,
geboren 1960 in Bad Sobernheim (Rheinland-Pfalz),
lebt heute in der Universitätsstadt Marburg.
Dieser Band beinhaltet Gedichte,
geschrieben zwischen 2015 und 2017.

„Das Buch ist die Axt
für das gefrorene Meer
in uns."

Franz Kafka

Für Mutter
und
Rita Arntz

ANDREAS VAN APPELDORN

Gedichte

© 2018 Andreas van Appeldorn
Satz und grafische Gestaltung:
Andreas van Appeldorn
Herstellung und Verlag:
BoD – Books on Demand, Norderstedt
Printed in Germany
ISBN 978-3-7460-5012-6

Auch als *E-Book* erhältlich.

Bisher erschienen:
'Inaspektabel', ISBN 978-3-9359-6624-5
'Hofnarr', ISBN 978-3-7357-6041-8

INHALT

Als Wind in Blättern rauschte 9
Unvergänglich 21
Zwischen Himmel und Erde 45
Touch my All 53
Trilogie der Erfundenen Mundart 91
Alles dringt so tief 97
Natürliche Auslese 121
Garten Eden 141
Ichbin oder Nichtbin 149
Uhrsache 169

Als Wind in Blättern rauschte

Lieder vom Wind

In der Ferne erklingen helle Stimmen.
Lieder aus unbeschwerten Kindertagen,
einst vom Winde fortgetragen –
sind plötzlich meinem Herzen nah.

Urvertrauen

Es droht des Himmels dunkle Macht.
Dumpfes Donnergrollen kracht.
Blitze peitschen grell die Nacht.
Vater hält die Wacht.

Als Wind in Blättern rauschte

Hemmungslose Wogen.
Tränen saufen, Atem weht
und Seelen lauschen.
Unbeirrt haucht Licht.

Windspiel

Zeitgleich
mit des Baumes Geäst
bewegt sich die Gardine
am offenen Fenster.

Ein neuer Tag

Meine Farben verblasst
vor des tristem Himmels Grau.
Auf feurigen Blättern perlt
der Morgentau.

herbstblatt

baumes
blutrote blätter
im sonnenlicht
wollen nicht fallen
auf den mit laub übersäten
waldboden

frühlingsanfang

bäume
himmels dünne äste
scherenschnitte
hinter grauen wolken
winterwunden
blauen

In diesem Moment

Alles ist so, wie es gerade scheint.
Das Buch des Dalai Lama auf dem Gartentisch.
Erlenblätter leuchten unnatürlich, grün.
Singvögel frohlocken.
Gedanken an Dich verwandeln mich.

La Lieure

Das Wasserrad der Alten Mühle
dreht sich nicht mehr.
Die 'Stille der Liebe' rauscht ewig
in des Baches Lauf.

Unvergänglich

Neujahrsspaziergang

Ich sehe im Schnee Deinen Schatten.
Und Du?
Wie lange bleibst Du?

Bei mir

Ich spüre Dich,
wenn Du bei mir bist,
aber auch *ganz doll,*
wenn nicht.

Liebe

Intelligenter,
als die idealistischen Wünsche
unseres Geistes.

Lustvoller,
als die kannibalischen Instinkte
unserer Begierde.

Heilsamer,
als die zeitweilige Still-Legung
unseres Schmerzes.

Unvergänglich

Liebe.
Unstet wie der Regen fällt.
Doch manche Tropfen schillern ewig;
in 'Königlichen Farben'.

für Andrea

Stern warte

Du bist ein Licht,
so nah, so fern.
Ich breche auf zu Dir
mein Stern.

Schwalbenliebe

Während Du dich fragst,
wohin Sie fliegt,
nistet Sie sich ein –
in Dein Herz.

Ohrenschmaus

Du flüsterst mir
die heiß ersehnten Worte
in Dein Lieblingsohr.

Amsterdamse Meisje

Sie gießt
seine trock'ne Haut.
Tulpen sprießen ihm
aus allen Poren.

Die Moldau

Sein virtuoses Spiel.
Sie versank...
Es endete so überirdisch schön.
Sie tauchte empor...

Sonnenuntergang in Oberstdorf

Mühsam den Berg erklommen,
wir sind auf einen Schattenplatz erpicht.
Nach deft'ger Brotzeit, hinab ins Tal,
wandern bis die Dämmerung anbricht.

Ein Steinadlerpärchen droben am Himmel.
„Das gibt's doch nicht!"
Die Gipfel der verschneiten Alpen *glüh'n*
feuerrot im Abendlicht.

Vergissmeinnicht

Mädesüß im Kostümchen
sucht ihr Gänseblümchen.

Sieht Löwenzahn stattdessen,
Hasen, die genüsslich fressen.
Sieht Maiglöckchen im Winde steh'n,
weiße Röckchen, die sanft weh'n.
Des Himmels Blau erbitten Veilchen,
blühen leider nur ein Weilchen...

Indes,
vom Gänseblümchen keine Spur.
Launisch ist sie, die Natur.

Streit

Der Himmel,
in weißblauen Fetzen.
Wir sitzen in der Küche,
du willst mich verletzen.

Nicht mit dem Messer
und auch nicht mit Gift.
Nein, mit deinem Zynismus,
den *ertrage* ich nicht.

Scheiterhaufen

Gestern liebten wir uns.
Und wie!
Heute scheitert sie.

Platzwahl

Sie bot ihm einen *güldenen Sessel* an,
ihr lag sehr viel daran.
Er setzte sich wissentlich daneben –
in sein altes, abgenutztes Leben.

Rosenkavalier

Lust,
hinter Rosen versteckt.
'Einsame Herzen' lächeln,
rot.

Stereotyp

Der 'Traummann',
auf den Du mich schwärmerisch
aufmerksam machst,
redet *nichtssagend* daher.

Speed Dating

Antennen ausgerichtet.
Aussehen anvisiert.
Worte geortet.
Gefühle ausgelotet.
Gedanken fokussiert.
Verabredung gecheckt.

Rainfall

'King of Love'
und
'Queen of Pain'
stießen zusammen im Rain.

Mottenfinsternis

Motten umschwärmen besessen das Licht,
verdunkeln der Straßenlaterne die Sicht.
Die Sicht auf ihren geliebten Asphalt –
hoffentlich verschwinden die Motten bald.

Eiszeit

Wellen,
festgefroren an schroffen Felsen.
Wale staken über's Meer,
auf Stelzen.

Schneeprinzen,
begraben unter'm Eis.
Sonnenfinsternis;
nie mehr wird's heiß.

Erinnerung

Das Lebhafte
aus vergangener Zeit,
das im Gedächtnis
bleibt.

Zwischen Himmel und Erde

Die vier Elemente

Der böige Wind meiner Himmelsrichtungen,
das unstillbare Feuer meiner Hoffnung,
die feste Erde auf der ich stehe,
das fließende Wasser meiner Tränen.

anno dazumal

Der vermenschlichten Natur
ging's wunderbar,
als die Erde, zweifelsohne,
eine Scheibe war.

Zwischen Himmel und Erde

Runen raunen im Raume,
Eulen sitzen im Baume,
Menschen schmoren in Foren,
Geister rumoren in Mooren.

Götterdämmerung

Kein Wind schleicht durch's Land.
Sonne brütet.
Durchsichtig schwelendes Flimmern...
Mein Atem verdorrt.
Verbrannte Erde,
Regentropfen fallen...
Rinnsal, Bach, Fluss, apokalyptisch rasende Flut,
Meer ertränkt *Mein Blut*.

Erzähl' keine Märchen

Wenn wir gestorben sind,
werden wir
'Es war einmal'
sein.

Touch my All

Da war doch was

Gelegentlich spürt der Mensch,
ob er will oder nicht,
was er auf der Erdenkugel ist:
Ein Wicht.

Lebenslotterie

Auf der Suche
nach dem Glück
– zog er Nieten
und sich selbst
zurück.

Augen zu und durch

Ich bin 'ne Heulsuse,
vergesse aber immer mein Taschentuch
und deshalb:
Verkneif' ich's mir.

Seenot

Wogende Nordseewellen
schaukeln ihr Bett.
Sie kentert und erwacht;
auf dem Parkett.

Schlaflos in Marburg

Zur Geisterstunde die Augen zugemacht.
Um 3 Uhr aufgewacht.
Achtung ! Einschlafumleitung
Spießrutenliegen – den Rest der Nacht.
Beim Aufstehen fühle ich mich wie:

Zerknülltes Papier.

Sex

Unser Bett
hätte nichts dagegen.
Wir liegen drin:
Reden, reden und reden...

Dream Team

Er schläft nicht gut.

Das Kind träumt schlecht.

Sie schnarcht.

Touch my All

Er flog zum Mond und wieder zurück,
sagte zu ihr:
„Ich komm' grad' aus dem All."
Sie fragte:
„Hast Du nen Urknall?"

Die Einsamkeit des Zyklopen

Keine Zyklopin
hat jemals
den 'Zweiaugentanz'
mit ihm getanzt.

Die Entscheidung

New York,
Hilton Hotel, 88. Stock.
Eine Fliege irrt auf ungeputzter Scheibe umher.
Er öffnet das Fenster.
Die Fliege fliegt *sorglos* hinaus.
Er springt hinterher.

Satansbraten

Wer zu kurz
im eigenen Saft schmort,
kann keinen 'Gelungenen Braten'
servieren.

Dahergesagt

ichzieeehdirdieooohrenlang...

mami,
bitte
lass
sie
so
kurz
wie
sie
sind.

Eifallslos am Frühstückstisch

Ei,
don't
know!

MENSCH ÄRGERE MICH

Wirf mein letztes Püppchen raus!
Das tut so schön – weeeh.

Schlagfertig

Am schlagfertigsten bin ich,
wenn ich vorher genügend Zeit
zum Nachdenken habe.

Unten ohne

Seine Suppe schmeckt:
Wie eine Pizza 'Quattro Stagioni'
ohne Teig.

Hörsturz

Sie redet wie ein Wasserfall.
Den Zuhörern rauscht's in den Ohren.

Genau nach Fahrplan

Ich lauf',
so schnell ich kann,
zur Haltestelle.
Bin spät dran.

Türenzischen...
Bus fährt los
– ohne mich.
Gnadenlos.

Schwarzfahrer

Ein Schwarzer
sitzt in Linie 5.
Ein Weißer
fährt schwarz.

Kölner Karneval

Zom 'Kölsche Fastelovend' weed der Karl,
der söns ene Jeck es - stinknormaaal.

Tätä, täta!

Solle mer en trotzdem eren losse?

Aschermittwoch

Der Himmel kostemeert sich jrau,
die Sonnenstrahlen falle als Rähndroppe eraf.
Der kölsche Karnevalsprinz föhlt sich mau,
der Jeck nimp möd sing Kapp af.

Nass

Sie hat Grütze
unter der Mütze,
deshalb tritt sie immer
in die Pfütze.

Spätzünder

Er ist nicht blöd.
Lediglich was zwischen den Zeilen steht,
begreift er zu spät.

Sommerfarben

Ein weißes Segelflugzeug
streichelt leis' des Himmels Blau.
Auf grüner Wiese schläft friedlich
ein brauner WauWau.

Sommerzeit Blues

Swimmingpool,
gekachelt in Blau.
Clap your hands
and *love* your Frau.

Dem Teufel von der Schippe gesprungen

42°, tatütata;
Krankenwagen endlich da.
Aufgebahrt, so gut wie tot,
weiße Kittel arg in Not.
Sommergrippe, nein...
Mononukleose, könnt es sein?

Diagnose positiv:
Weiterleben intensiv.

Krampf

Gehen,
läuft noch.
Laufen,
geht nicht.

Enkelkinder

Andreas,
der gestern selbst ein Baby war,
ist seit heute:
Großpapa.

Er fühlt sich wie:
Neugeboren

Mir gehört die Welt

Ich umarme die ganze Welt,
knülle sie zusammen,
drehe sie zwischen meinen Händen,
werfe sie übermütig in die Luft,
fange sie wieder auf –
stecke sie in die Hosentasche.

Das Geisterschiff

Matrose Bast sucht unter Deck den Klabautermann.
Plötzlich erscheint Käpt'n Rotbart, starrt ihn *irre* an.
Nicht geheuer ist dieser Blick dem Bast,
schleunigst klettert er auf den höchsten Mast.

Schiff, Besatzung und Käpitän wurden seitdem
nie mehr geseh'n.
Aber auf hoher See, an Bord eines Geisterschiffes,
poltert fortan – ein rothaariger Klabautermann.

Wasserbetten Hansen

UNSER GESCHÄFT IST WEGEN

HOCHWASSER

VORÜBERGEHEND GESCHLOSSEN !

Apoll, der Bodybuilder

Seine Muskeln wuchsen über ihn hinaus.
Er wusste weder ein noch aus.

Obendrein ging Apollina fremd.
Ihr gab er sein *letztes Hemd*.

Weiß Gott!

Jetzt hat er nichts mehr zu verlieren –
Er wird 'Theologie' studieren.

fabula docet:

Früher machte er *Situps* am Geländer.
Heute trägt er: *Liturgische Gewänder*.

Der Durchfalldichter

Rainer Maria wollte dichten.
Die Zeit verging –
ihm fiel partout nichts ein!
Kein einziger Reim.

Stattdessen:
Weh und ooh,
zwang ihn ein Darmkatarrh
auf's Klo.

Versonnen saß er da,
dachte an seine geliebte Suse
und *plötzlich* küsste ihn:
Die Muse.

Konversation am Stehimbiss

Tach, Männer.
Tach, zweimal Currywurst mit Pommes rot-weiß.
Zwei Pilsken dazu?
Jou!
Fußball geguckt gestern?
Jou.
War'n gutes Spiel, oder?
Jou.
Aber der 'Götze' hat schlecht gespielt.
Geht.
Samstag im Stadion?
Jou.
Am Sonntag ist Bundestagswahl, ich frag' mich,
ob die Merkel Kanzlerin bleibt?
Willste uns'n geistreiches Gespräch aufdrängen?
Nee; lasst's euch schmecken.

Verlierer

Auf der Rennbahn laufen die Gäule, Trab.
Er schmeißt die leere Whiskyflasche in 'ne dunkle Ecke,
räudige Ratten quieken, die Sonnenstrahlen hauen ab
und 'Ballerina' macht *tatsächlich* das Rennen
und sein Wettschein schwimmt irgendwo
in 'nem vollgekotzten Damenklo.

Trilogie
der 'Erfundenen Mundart'

Flohmark

Te gen mit of de Flohmark?
Of de Flohmark? Jo.
Te gen öft of de Flohmark?
Jo, öft.
Bon; wi gen dohi.
Jo. Warums net.
Ei, eg such nem Jop.
Nem Jop?
Jo, nem Ledejop.
Ah! Bon.
Git vill billig Zeug of de Flohmark.
Eg wees.
Eg heb nu leids ko Geld.
Eg heb Geld.
Kon te mi ebs leie?
Eg leie ko Geld; nimols.
Ons Geld kon eg net mitgen.
Eg gen alei of de Flohmark un kaaf me wat.
Un eg?
Wees net.

De Win schmeck bon

Ei, wor de Win dür?
Jo, 3 Juro.
De schmeck veri bon.
Is de letz Bott gwen, leids.
De letz Bott?
Jo, leids.
Eg heb Brand.
Eg och!
Wos leit in de Kapp?
Ei, 40 Cent.
Pass op, do kimt en fien Fru.
De geb nix, nimols.

„Guten Tag die Herren,
so ein schönes Wetter heute,
eine Kleinigkeit für sie,
aber nicht alles vertrinken!"

De het 5 Juro g'schmiss.
Sackerment!
Bon, eg hol en Bott Win.
Au jo.

Fremdgange

Eg ben treu.
Eg gleuv et nimols.
Erna, s'is wohr.
Un de Sach met Jutta?
Det wor e Versehe gwen.
Un met Susanne?
Det wor ook e Versehe.
Un met Irmi?
Eg wollts net, gleuv et doch.
Hau av, Karl!

Alles dringt so tief

plopp

wir sind
die schillernden seifenblasen
unseres daseins

Attila

Sein Atem
berührt meine lauschende Seele.
Ich halte seine raue Pfote
in meiner Hand.
Meine Tränen
ertränken seinen Tod.

Schmerz

Alles Traurige in mir
verbrennt.
Übrig bleibt Asche,
die weint.

Flüchtlingswellen

Über's Meer
die Schreie gellen.
Menschen, eingepfercht wie Vieh,
ersaufen.

Hilferufe!

Unbedingt,
nicht
ignorieren.

Geflohen

Die Silhouette ihrer Stadt bedeutete früher:
Heimat, Vertrauen und Geborgenheit.
Heute lebt Traurigkeit, wütet Verzweiflung in ihr.
Sie fühlt sich verlassen.

Alles dringt so tief

Du bist müde, gehetzt.
Deine Gefühle sind verletzt.
Du bist bitterhart und zerbrechlich,
zart.

Sturzflut

Seit Tagen füllt sie
das *trockengelegt* geglaubte
'Meer ihrer Enttäuschung'
mit Tränen.

Nahkampf

Mit Flammenwerfern
verkohlt er die Höllenqualen
seiner Einsamkeit.

Nackt

Blitze zerren Vergangenheit ins Licht.
Regengüsse schwemmen Seele aus.

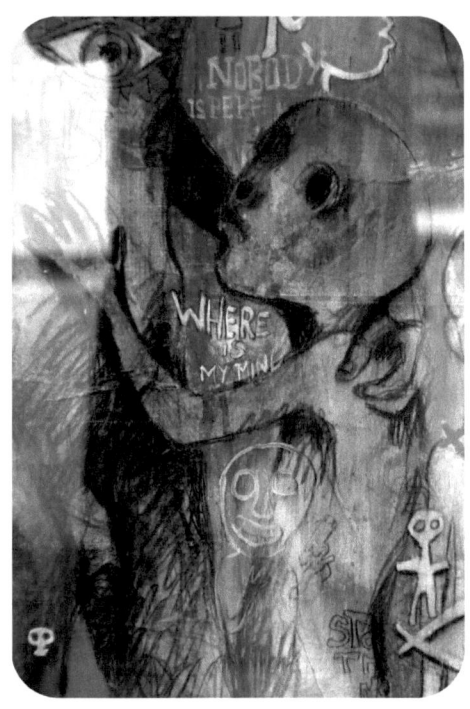

Gesichtslos

Träume ohne Gesicht –
erwachen nicht.

Prinzip Hoffnung

„Ich
bin doitsch,
eine Stolze
zu sein."

Präpotentaten

Ich kann sie nicht mehr ertragen.
Sie,
die andere mit ihrem Selbst
erschlagen.

Mobbing

Brutalst möglich
ignoriert sie
seine Vorschläge.

Der Egomane

Es ist mir scheißegal,
ob mein Vater tot ist,
ob ein Feuerwehrauto rot ist.
Was zählt, einzig und allein:

ICH

Die Scheinheiligkeit

Sie fragte:
„Wie geht es dir?"
Wartete seine Antwort nicht ab,
sagte:
„Guck doch nicht so traurig."

Er erzählte ihr:
„'Fabienne' hat mich verlassen..."
Die *Schadenfreude* stand ihr im Gesicht
und er dachte:
„Ich bin ein Idiot."

Fahnenflucht

Er demonstriert
gegen politische Verlogenheit
und Raubtierkapitalismus,
erkennt seine Ohnmacht –
rollt die Fahnen wieder ein.

Der Grantler

Auf seine mürrische Art
weist sie ihn hin.
Auf seine hölzerne Art
scheißt er sie zusammen.

Im falschen Film

Liebevoll bereitet er ihr das Frühstück.
Sie kommt in die Küche,
schaut über den gedeckten Tisch...
Sichtlich gerührt setzt sie sich,
nimmt dankbar seine Hand.

Romantisch flackert das Kerzenlicht.

Kaffeeduft, Müsli, Brötchen, Wurst
2 gekochte Eier, Ahornsirup...

Er erzählt ihr von dem Zufallskauf
eines alten Luftgewehres:
„Für lächerliche 5 Euro habe ich es gestern
einem alten Jäger abgekauft."

Entgeistert! schaut sie ihn an.
Hält ihm einen Vortrag über die *Gefährlichkeit*
einer solchen Waffe und sagt:
„Damit wirst Du mich erschießen".

Die Tage vergeh'n

Sie läuft durch's Dorf,
schiebt vor sich her den Kinderwagen,
in dem behütet ihr Kind liegt.
Es schläft.

Älter wird es.
Ungewiss die Frage,
wie lange noch die Alten leben werden
an diesem Ort – der Elternheimat ist.

Soll sie endlich fortzieh'n?
Seit Jahren fühlt sie sich gefangen;
in diesem mystischen Geflecht
familiärer Wurzeln.

Sie läuft durch's Dorf,
schiebt vor sich her den Kinderwagen,
ihr Kind ist aufgewacht.
Es schreit ins Leben.

Natürliche Auslese

Raubvogel

Er zieht Kreise.
Flügel schwingen breit,
Augen spähen weit.
Beute flieht im Abendrot.
Sturzflug.
Maus – tot.

Afrika

In Afrika wird's früh hell,
Geparden rennen *tierisch* schnell.
Elefanten sind groß und mächtig,
Meerkatzen schmächtig.
Eine Löwin bekommt Junge,
das Okapi hat ne lange Zunge.
Heilig ist das Watussi-Rind,
auf ner Akazie ein Glanzstar singt.
Farbenfroh sind Papageien,
Indris fangen an zu schreien.
An der Wasserstelle trinkt ein Gnu,
Krokodile schauen hungrig zu.
Löffelhunde haben große Ohren,
eine Antilope hat ihre Herde verloren.
In Afrika gibt's keine Pudel,
Tüpfelhyänen jagen nur im Rudel.
Erdmännchen halten sich versteckt,
Leopardenfell ist gefleckt.
Der Gorilla ist ein Menschenaffe,
nen langen Hals hat die Giraffe.
Tapire fressen Pflanzen,
Lemuren gerne tanzen.

Gazellen sind recht schlank,
zwei Nimmersatte leider krank.
Das Pavianweibchen hat nen roten Po,
darüber sind die Männchen froh.
Der Flamingo schläft auf einem Bein,
hässlich ist das Warzenschwein.
In der Savanne rammeln Hasen,
Mandrille haben bunte Nasen.
In ihrem Nest schläft ne Maus,
Flusspferde ruhen sich im Wasser aus.
Nashörner suhlen gern im Schlamm,
der Kronenkranich hat nen Kamm.
Der Wüstenrose süßer Duft,
Impalas springen hoch in die Luft.
Einen Höcker hat das Dromedar,
zwei, das Trampeltier – ist doch klar.
Der Schreiadler schreit,
die Schwarze Mamba ist bereit.
Der Vogelstrauß legt das größte Ei,
eine Gottesanbeterin fliegt dran vorbei.
Kaffernbüffel sind verfressen,
die Zebras hätt' ich *fast* vergessen.

Jägerlatein

Er stach mit Glas und Büchse ins Feld,
erlegte einen Drachen und drei blaue Füchse,
der 'Tapfere Held'.

Die Blindschleiche

Eine Blindschleiche suchte ihre Brille,
fand sie aber nicht.
Kein Wunder!
Ihre Freundin, die Brillenschlange,
trug *zwei* im Gesicht.

Natürliche Auslese (?)

Die Kreuzspinne,
die das Männchen nach der Begattung auffrisst,
spinnt weiter ihre Fäden...
Bis ein Staubsauger sie verschluckt.

Flugshow

Nie habe ich erlebt, dass Fliegen,
die mehrmals hintereinander mit dem Kopf
hart gegen die Fensterscheibe geprallt sind,
abgestürzt wären.

Aus der Vogelperspektive

Zwei Spechte fliegen ins Open-Air-Kino.
Gezeigt wird:

VON DER RINDE GEWEHT

Hauptdarsteller:
AMSEL LEIGH und FINK GABLE

Bezugnehmende Quelle:
'GONE WITH THE WIND' (1936),
von Margaret Mitchell

Dauerregen in Güstrow

Bei dem Schietwetter wollt' ich kein Hund,
der an 'ne Hauswand pinkelt, sein;
lieber ein im Stall, im warmen Heu liegendes,
zufrieden grunzendes Schwein.

Lerchenbräu

Er sitzt im Biergarten,
zwitschert sich einen
mit einer Lerche –
um die Wette.

Wie's Gescherr, so der Herr

Ein kleiner, dicker Mann
schaut mich mopsig an.
„Der beißt nicht", sagt er grade.
Ich denke: „Schade".

Sauerei

Anruf beim Veterinäramt.
Ich lasse es 10 Minuten klingeln:
Kein Schwein geht ans Telefon.

Lückenbüßer

Mein Dobermann sprang.
Ich passte nicht auf, die Leine zu kurz:
Deshalb der Sturz.

Hundefreunde!
Was sagt euch mein Zahnlückengesicht?
„Vergesst die lange Leine nicht."

Höhere Gewalt

Eine Spinne,
die in einer Ecke des Zimmers
ihr Netz gewoben hatte,
fand sich unversehens
in einem Wasserglas wieder.
Sie wurde hinaus
auf den Balkon getragen
und in den nasskalten Herbststurm
geworfen...

Bilingual

Der Hund
miaut,
laut.

Die Katze
bellt,
wenn's schellt.

Frische Eier

Von in Legebatterien
zusammengepferchten Hühnern,
die den Pickattacken
ihrer verzweifelten, agressiven Artgenossen
ausgesetzt sind
und die mehr tot als lebendig
in engen Käfigen stehen
und aussehen wie:
Blutig gerupfte, nackte Suppenhühner.

FRESSKARTE

VORFRESSEN

Hodenpärchen à la Eunuch
und
Ohrenschmalzmus an feinsten Fingernagelstreifen

**** HAUPTFRESSEN ****

Beinfilet 'Jüngling'
Zartes Menschenfleisch in süßer Blutsoße
mit Gehirnklößchen

VEGETARISCHE FRESSEMPFEHLUNG

Verschiedene Zierpflanzen 'Blumenbeet'
vom Gummibaumblatt ummantelt
im Speichelsud

Unser Menschenfleisch ist frisch gerissen!
Direkt nach der Tötung wird es strengsten Geruchstests unterzogen.
Für pflanzenfressende Tiere haben wir separate 'Pflanzenfressställe'
eingerichtet.

Garten Eden

Elysium

Am liebsten
saßen sie auf der Gartenbank,
die zwischen Gartenzwergen
stand.

Kleingärtner

Gartenzwerge
werden rekrutiert.
Maulwürfe
verschanzen sich.

Sommerwiese

Laute Rasenmäher ängstigen das Gras.
Halme, reglos wie Heuschrecken,
klammern sich an Löwenzahnblüten.

Gartenzwerge

Unbeweglich steht sie da
und schaut.

Er ist fertig mit Rasenmähen.

Sie zeigt gestreng auf den Holzrechen,
der am Gartenhäuschen lehnt.

Er harkt das Gras zusammen.

Natur-Schulz-Gebiet

Nachbar Schulzes Rasenmäher
röhrt aus allen Rohren.
Dem Schulze sprießen Haarbüschel
aus Nase und Ohren.

Ichbin oder Nichtbin

Katastrophe

Wenn ich ein Gedicht
wieder und wieder durchlese,
um die Strophen zu verbessern;
löst es sich auf...

Der Philosoph

Er denkt nach.
Sollte ihn dies auf Dauer
zu sehr deprimieren,
kann er noch immer:
'Schauspielkunst'
oder 'Betriebswirtschaft'
studieren.

Philosoph:
Ein Philosoph ('Freund der Weisheit')
oder sinngemäß, Denker, ist ein Mensch,
der danach strebt,
Antworten auf grundlegende (Sinn-) Fragen
über die Welt, über den Menschen
und dessen Verhältnis zu seiner Umwelt,
zu finden.

Kurzsichtig

Sie schaut fern,
nah zu sehen –
liegt ihr fern.

Ich komme nach

In die Welt,
Licht meines Herzens,
   reise!
Indes aus Geldnot –
ich hier verweile.

Nordsee

Mich dürstet nach modrigem Treibholz
und verwitterten Schiffstauen.
Habe keine Angst, Meer;
mich schonungslos zu stranden.

Ichbin oder Nichtbin

Wenn ich bin,
wie ich bin,
bin ich:
'Ichbin'.

Wenn ich bin,
wie ich nicht bin,
bin ich:
'Nichtbin'.

Heldentot

An alle Kriegstreiber:
„Mir bleibt die Hoffnung –
in Friedenszeiten und gewaltlos
zu sterben."

Konrad Maria Engel

Gebeugter Rücken.
Finger versunken in Extase.
Im Publikum 'Entzücken'.
Schweiß tropft in die Rille.
Finalsatz *furioso.*
Stille.

Der letzte Ton verklingt: Atemlose Stille.
Ein Zeichen 'Ehrfurchtsvoller Bewunderung'
für diesen begnadeten Pianisten.

Unsterblich

Alles existiert schon immer.
Meine Seele, mir verborgen,
zieht endlos ihre Bahnen
in des Kosmos' Schimmer.

Master of Bescheidenheit

Oberflächen hochglanzpoliert.
Natur wegradiert.
Bescheidenheit – nie studiert.

PROFIT Denken

übermüllt

die *kulturellen Errungenschaf...*

der Menschheit !

Berlin

Die Berliner nennen 'Checkpoint Charlie'
heutzutage: 'Checkpoint Curry'.
Militär ist dort nicht mehr stationiert,
stattdessen ein Imbiss.
Das Volk hat einen unstillbaren Hunger auf:
Frieden und Freiheit.

YOU ARE LEAVING
THE AMERICAN SECTOR
ВЫ ВЫЕЗЖАЕТЕ ИЗ
АМЕРИКАНСКОГО СЕКТОРА
VOUS SORTEZ
DU SECTEUR AMÉRICAIN
SIE VERLASSEN DEN AMERIKANISCHEN SEKTOR
US ARMY

Niederrhein

Äcker.
Fast schwarze Schollen, brachial umgepflügt,
strotzen vor Kraft.
Schrauben sich zurück, ins Erdreich.
Unbeugsame Erdentiefe.

Flaches Land. Radwege.
Graue, endlose Landstraßen.
Wiesen, Mooraugen und Kopfweiden...
große, alteingesessene Gehöfte,
saftiges Vieh.

In der Ferne,
leuchtet die Rote Eiserne Lady,
die 'Emmericher Rheinbrücke', erhaben und stolz,
als könne ohne sie, der Rhein,
der ewig fließt, nicht sein.

Fährbetrieb auf 'Schenkenschanz' eingestellt,
nach über hundert Jahren.
Der Spoykanal – stillgelegt.
Trostlost vor sich hin.
'Diebels Alt' wird lustig ausgeschenkt,
weiterhin, volles Rohr.

Kraaa...
tönt ein Kolkrabe in Rindern,
lässt eine Schwarzglanzfeder
auf des Vaters Grab.

No risk, no fun

Um Fremdbestimmungsqualen zu entwachsen,
sollten wir versuchen,
möglichst selbst-bewusst und selbst-bestimmt
zu leben.

Vielleicht endet dieser beständige Versuch
bananenbanal...

so, wie die frisch geschälte Banane
sich endlich reif und lüstern präsentiert,
gerade 'In diesem Moment'
– ihr Leben verliert.

Wir hätten's riskiert!

Vom Morschen

Was heißt hier morsch?
Leben ist nicht mal ansatzweise
aus mir heraus.
Vielmehr scheint Leben selbst,
morsch zu sein.
Auch oder gerade durch mich
lebt Leben.
Solange ich lebe,
gebe ich beredt Zeugnis ab.
Tod ist nicht existentes Leben.
Tod kann nicht mitreden.
Tote Sprache ist:
Ungehört, unerhört.
Morsch: Trifft auf mich nicht zu!
Noch lange nicht.
Um das mal klarzustellen.

Wenn bloß
die verdammten Rückenschmerzen
nicht wären!

Für unsere gemeinsame Zeit

Dein Leben,
eben leidvoll an mich gedrückt,
liegt reglos, still und blind vor meiner Liebe
und vor meinem tiefen Schmerz.

Streicheln,
ich küsse Deinen Kopf.
Dein warmer Körper hält mich fest.

Und doch:
Jemand hat Dich fortgetragen,
wie hinter eine Glasscheibe gestellt,
wie eine ausgeblasene Kerze,
die noch brennt.

Andere Hunde sterben.
Menschen sterben wie die Fliegen.
Aber Du?

Was bleibt?

Ich trage unsere Liebe,
bis in meinen Tod - unerschütterlich.
So wie ich Dich trug im Geschirr,
als Du nicht mehr laufen konntest
und hoffte:
Du wirst gesund.

Mein brauner Schatten auf vier starken Pfoten,
ich habe Dich erlöst.

Sanft hast Du Deinen Kopf
in meine Hände gelegt.
Ich habe mit Dir geredet, Dich gehalten,
bis Du eingeschlafen bist.

Kommst Du zurück?

Ich bin ganz leise.
Ich höre nach Dir.
Ich rieche an Deiner Decke.
Stumm und fassungslos starre ich
in mein Gefühl – es lässt nicht zu:
Du bist fort.

Die Spritze, die Dich getötet hat,
hat auch mich vergiftet.
Das Gift muss raus!
Dann hast Du wieder einen gesunden Platz,
dann bist Du wieder Zuhause.

Du bleibst mir der treueste Freund:
Der, der mich mit seiner feuchten Nase anstupste,
der mich fordernd und erwartungsfroh ansah,
der mir vertraute und mich ernst nahm,
selbst wenn ich mir lächerlich vorkam,
weil ich mal wieder in die falsche Richtung
gelaufen und Dir und Deiner 'Langnase'
nicht gefolgt war.

Uhrsache

Uhrsache

Meine Uhr geht vor.
Der kleine Zeiger steht auf 3, anstatt auf 2.
Später schau ich wieder drauf.
Die Uhr zeigt stur die 3 und nicht die 7.
Sie ist steh'n geblieben.

Die Hoffnung stirbt zuletzt

Heute ist mein Bügeleisen gestorben.
Es ist 15 Jahre alt geworden.
Ich habe es fallen lassen.
Oder gibt es noch Hoffnung?
Vielleicht ist nur die Birne des Lämpchens,
welches sonst rot aufleuchtet, kaputt.

Smartphone

Es wird kommen der Tag,
an dem der Mensch,
sich wieder in die Augen schauend,
miteinander sprechen mag.

Klimawandel

Der Kühlschrank ist defekt.
In seinem Eisfach wird es immer wärmer.
Leise tropft er vor sich hin.
Er taut ab.

Ihr letzter Gang

Eine Uhr spazierte im Regen,
konnte die Zeiger nicht mehr bewegen.
Ihre Zeit lief ab, bevor sie verging,
jetzt ist sie hin.

Handy

Ruf mich an,
damit ich weiß,
ob ich *tatsächlich*
lebe.

Stromsterben

In totem, digitalen Meer
treibt die Hardware
KÜNSTLICHER INTELLIGENZ
umher.

In mit Holz geheizten Stuben
flackert's Kerzenlicht,
ausgeschlossen ist dies Szenario
nicht.

Ohne Vorstellungsgespräch
werden wir geboren.
Ohne relevante Beurteilung
– treten wir ab.

Andreas van Appeldorn

INHALTSVERZEICHNIS

Als Wind in Blättern rauschte

Lieder vom Wind 11
Urvertrauen 12
Als Wind in Blättern rauschte 13
Windspiel 14
Ein neuer Tag 15
Herbstblatt 16
Frühlingsanfang 17
In diesem Moment 18
La Lieure 19

Unvergänglich

Neujahrsspaziergang 23
Bei mir 24
Liebe 25
Unvergänglich 26
Stern warte 27
Schwalbenliebe 28
Ohrenschmaus 29
Amsterdamse Meisje 30
Die Moldau 31
Sonnenuntergang in Oberstdorf 32
Vergissmeinnicht 33
Streit 34
Scheiterhaufen 35
Platzwahl 36
Rosenkavalier 37
Stereotyp 38
Speed Dating 39
Rainfall 40
Mottenfinsternis 41
Eiszeit 42
Erinnerung 43

Zwischen Himmel und Erde

Die vier Elemente 47
anno dazumal 48
Zwischen Himmel und Erde 49
Götterdämmerung 50
Erzähl' keine Märchen 51

Touch my All

Da war doch was 55
Lebenslotterie 56
Augen zu und durch 57
Seenot 58
Schlaflos in Marburg 59
Sex 60
Dream Team 61
Touch my All 62
Die Einsamkeit des Zyklopen 63
Die Entscheidung 64
Satansbraten 65
Dahergesagt 66
Eifallslos am Frühstückstisch 67
Mensch ärgere mich 68
Schlagfertig 69
Unten ohne 70
Hörsturz 71
Genau nach Fahrplan 72
Schwarzfahrer 73
Kölner Karneval 74
Aschermittwoch 75
Nass 76
Spätzünder 77
Sommerfarben 78
Sommerzeit Blues 79 ff.

Von der Schippe gesprungen 80
Krampf 81
Enkelkinder 82
Mir gehört die Welt 83
Das Geisterschiff 84
Wasserbetten Hansen 85
Apoll, der Bodybuilder 86
Der Duchfalldichter 87
Konversation am Stehimbiss 88
Verlierer 89

Trilogie der Erfundenen Mundart

Flohmark 93
De Win schmeck bon 94
Fremdgange 95

Alles dringt so tief

Plopp 99
Attila 100
Schmerz 101
Flüchtlingswelle 102
Hilferufe 103
Geflohen 104
Alles dringt so tief 105
Sturzflut 106
Nahkampf 107
Nackt 108
Gesichtslos 109
Prinzip Hoffnung 110
Präpotentaten 111
Mobbing 112
Der Egomane 113
Die Scheinheiligkeit 114 ff.

Fahnenflucht 115
Der Grantler 116
Im falschen Film 117
Die Tage vergehn 118, 119

Natürliche Auslese

Raubvogel 123
Afrika 124, 125
Jägerlatein 126
Die Blindschleiche 127
Natürliche Auslese (?) 128
Flugshow 129
Aus der Vogelperspektive 130
Dauerregen in Güstrow 131
Lerchenbräu 132
Wie's Gescherr, so der Herr 133
Sauerei 134
Lückenbüßerin 135
Höhere Gewalt 136
Bilingual 137
Frische Eier 138
Fresskarte 139

Garten Eden

Elysium 143
Kleingärtner 144
Sommerwiese 145
Gartenzwerge 146
Natur-Schulz-Gebiet 147

Ichbin oder Nichtbin

Katastrophe 151
Der Philosoph 152
Kurzsichtig 153
Ich komme nach 154
Nordsee 155
Ichbin oder Nichtbin 156
Heldentot 157
Konrad Maria Engel 158
Unsterblich 159
Master of Bescheidenheit 160
Profitdenken 161
Berlin 162
Niederrhein 163
No risk, no fun 164
Vom Morschen 165
Für unsere gemeiname Zeit 166, 167

Uhrsache

Uhrsache 171
Die Hoffnung stirbt zuletzt 172
Smartphone 173
Klimawandel 174
Ihr letzter Gang 175
Handy 176
Stromsterben 177

Danke: Andreas König, Jochen Hasselbach

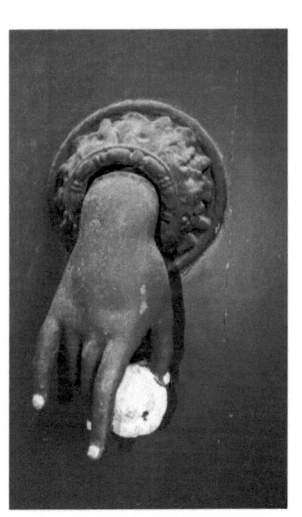